TRANZLATY

La Langue est pour tout le Monde

A língua é para todos

La Belle et la Bête

A Bela e a Fera

Gabrielle-Suzanne Barbot de Villeneuve

Français / Português

Copyright © 2025 Tranzlaty
All rights reserved
Published by Tranzlaty
ISBN: 978-1-80572-057-7
Original text by Gabrielle-Suzanne Barbot de Villeneuve
La Belle et la Bête
First published in French in 1740
Taken from The Blue Fairy Book (Andrew Lang)
Illustration by Walter Crane
www.tranzlaty.com

Il était une fois un riche marchand
Houve uma vez um rico comerciante
ce riche marchand avait six enfants
Este rico comerciante teve seis filhos
il avait trois fils et trois filles
Teve três filhos e três filhas
il n'a épargné aucun coût pour leur éducation
ele não poupou custos para a sua educação
parce qu'il était un homme sensé
porque era um homem de bom senso
mais il a donné à ses enfants de nombreux serviteurs
mas deu aos seus filhos muitos servos;
ses filles étaient extrêmement jolies
suas filhas eram extremamente bonitas
et sa plus jeune fille était particulièrement jolie
e sua filha mais nova era especialmente bonita
Déjà enfant, sa beauté était admirée
quando criança a sua Beleza já era admirada
et les gens l'appelaient à cause de sa beauté
e o povo chamava-a pela sua Beleza
sa beauté ne s'est pas estompée avec l'âge
sua beleza não desapareceu à medida que ela ficou mais velha
alors les gens ont continué à l'appeler par sa beauté
por isso o povo continuava a chamá-la pela sua Beleza
cela a rendu ses sœurs très jalouses
Isso deixou suas irmãs muito ciumentas
les deux filles aînées avaient beaucoup de fierté
As duas filhas mais velhas tinham muito orgulho
leur richesse était la source de leur fierté
a sua riqueza era a fonte do seu orgulho
et ils n'ont pas caché leur fierté non plus
e também não escondiam o orgulho
ils n'ont pas rendu visite aux filles d'autres marchands
não visitaram as filhas de outros comerciantes
parce qu'ils ne rencontrent que l'aristocratie
porque só se encontram com a aristocracia

ils sortaient tous les jours pour faire la fête
saíam todos os dias para festas
bals, pièces de théâtre, concerts, etc.
bailes, peças de teatro, concertos e assim por diante
et ils se moquèrent de leur plus jeune sœur
e riram-se da irmã mais nova
parce qu'elle passait la plupart de son temps à lire
porque passava a maior parte do tempo a ler
il était bien connu qu'ils étaient riches
Sabia-se que eram ricos
alors plusieurs marchands éminents ont demandé leur main
Assim, vários comerciantes eminentes pediram a mão
mais ils ont dit qu'ils n'allaient pas se marier
mas disseram que não iam casar
mais ils étaient prêts à faire quelques exceptions
mas estavam dispostos a abrir algumas exceções
« Peut-être que je pourrais épouser un duc »
"talvez eu pudesse me casar com um duque"
« Je suppose que je pourrais épouser un comte »
"Eu acho que eu poderia me casar com um Conde"
Belle a remercié très civilement ceux qui lui ont proposé
Beleza agradeceu muito civilmente a quem a propôs
elle leur a dit qu'elle était encore trop jeune pour se marier
Ela disse-lhes que ainda era muito jovem para se casar
elle voulait rester quelques années de plus avec son père
ela queria ficar mais alguns anos com o pai
Tout d'un coup, le marchand a perdu sa fortune
De repente, o comerciante perdeu a fortuna
il a tout perdu sauf une petite maison de campagne
ele perdeu tudo, exceto uma pequena casa de campo
et il dit à ses enfants, les larmes aux yeux :
e disse aos seus filhos com lágrimas nos olhos:
« il faut aller à la campagne »
"Temos de ir para o campo"
« et nous devons travailler pour gagner notre vie »
"e temos de trabalhar para viver"

les deux filles aînées ne voulaient pas quitter la ville
As duas filhas mais velhas não queriam sair da cidade
ils avaient plusieurs amants dans la ville
eles tinham vários amantes na cidade
et ils étaient sûrs que l'un de leurs amants les épouserait
e tinham certeza de que um de seus amantes se casaria com eles
ils pensaient que leurs amants les épouseraient même sans fortune
pensavam que seus amantes se casariam com eles mesmo sem fortuna
mais les bonnes dames se sont trompées
mas as boas senhoras estavam enganadas
leurs amants les ont abandonnés très vite
seus amantes os abandonaram muito rapidamente
parce qu'ils n'avaient plus de fortune
porque já não tinham fortunas
cela a montré qu'ils n'étaient pas vraiment appréciés
Isso mostrou que eles não eram realmente bem quistos
tout le monde a dit qu'ils ne méritaient pas d'être plaints
todos disseram que não merecem ser piedosos
« Nous sommes heureux de voir leur fierté humiliée »
"Estamos contentes por ver o seu orgulho humilhado"
« Qu'ils soient fiers de traire les vaches »
"Que se orgulhem de ordenhar vacas"
mais ils étaient préoccupés par Belle
mas preocupavam-se com a Beleza
elle était une créature si douce
ela era uma criatura tão doce
elle parlait si gentiment aux pauvres
Ela falou tão gentilmente com as pessoas pobres
et elle était d'une nature si innocente
e ela era de natureza tão inocente
Plusieurs messieurs l'auraient épousée
Vários senhores teriam se casado com ela
ils l'auraient épousée même si elle était pauvre

eles teriam se casado com ela mesmo sendo pobre
mais elle leur a dit qu'elle ne pouvait pas les épouser
mas ela disse-lhes que não podia casar-se com eles
parce qu'elle ne voulait pas quitter son père
porque não deixaria o pai
elle était déterminée à l'accompagner à la campagne
ela estava determinada a ir com ele para o campo
afin qu'elle puisse le réconforter et l'aider
para que ela pudesse confortá-lo e ajudá-lo
pauvre Belle était très affligée au début
Pobre Beleza ficou muito triste no início
elle était attristée par la perte de sa fortune
ela estava triste com a perda de sua fortuna
"Mais pleurer ne changera pas mon destin"
"Mas chorar não vai mudar a minha sorte"
« Je dois essayer de me rendre heureux sans richesse »
"Tenho de tentar fazer-me feliz sem riqueza"
ils sont venus dans leur maison de campagne
eles vieram para a sua casa de campo
et le marchand et ses trois fils s'appliquèrent à l'agriculture
e o comerciante e os seus três filhos dedicaram-se à criação
Belle s'est levée à quatre heures du matin
A beleza subiu às quatro da manhã
et elle s'est dépêchée de nettoyer la maison
e apressou-se a limpar a casa
et elle s'est assurée que le dîner était prêt
e ela se certificou de que o jantar estava pronto
au début, elle a trouvé sa nouvelle vie très difficile
No início, ela achou sua nova vida muito difícil
parce qu'elle n'était pas habituée à un tel travail
porque não estava habituada a esse trabalho
mais en moins de deux mois elle est devenue plus forte
mas em menos de dois meses ela ficou mais forte
et elle était en meilleure santé que jamais auparavant
e ela estava mais saudável do que nunca
après avoir fait son travail, elle a lu

depois de ter feito o seu trabalho, leu
elle jouait du clavecin
Tocava cravo
ou elle chantait en filant de la soie
ou cantava enquanto fiava seda
au contraire, ses deux sœurs ne savaient pas comment passer leur temps
pelo contrário, as suas duas irmãs não sabiam como gastar o seu tempo
ils se sont levés à dix heures et n'ont rien fait d'autre que paresser toute la journée
levantaram-se às dez e não fizeram nada além de descansar o dia todo
ils ont déploré la perte de leurs beaux vêtements
eles lamentaram a perda de suas roupas finas
et ils se sont plaints d'avoir perdu leurs connaissances
e queixavam-se de perder conhecidos
« Regardez notre plus jeune sœur », se dirent-ils.
"Olhem para a nossa irmã mais nova", disseram uns aos outros
"Quelle pauvre et stupide créature elle est"
"Que pobre e estúpida criatura ela é"
"C'est mesquin de se contenter de si peu"
"é maldoso contentar-se com tão pouco"
le gentil marchand était d'un avis tout à fait différent
O gentil comerciante tinha uma opinião bem diferente
il savait très bien que Belle éclipsait ses sœurs
ele sabia muito bem que a Beleza ofuscava suas irmãs
elle les a surpassés en caractère ainsi qu'en esprit
ela os ofuscou tanto no caráter quanto na mente
il admirait son humilité et son travail acharné
admirava a sua humildade e o seu trabalho árduo
mais il admirait surtout sa patience
mas, acima de tudo, admirava-lhe a paciência
ses sœurs lui ont laissé tout le travail à faire
as irmãs deixaram-lhe todo o trabalho para fazer
et ils l'insultaient à chaque instant

e insultavam-na a todo o momento
La famille vivait ainsi depuis environ un an.
A família vivia assim há cerca de um ano
puis le commerçant a reçu une lettre d'un comptable
Em seguida, o comerciante recebeu uma carta de um contador
il avait un investissement dans un navire
ele tinha um investimento em um navio
et le navire était arrivé sain et sauf
e o navio tinha chegado em segurança
Cette nouvelle a fait tourner les têtes des deux filles aînées
Esta notícia virou a cabeça das duas filhas mais velhas
ils ont immédiatement eu l'espoir de revenir en ville
Eles imediatamente tiveram esperanças de voltar para a cidade
parce qu'ils étaient assez fatigués de la vie à la campagne
porque estavam bastante cansados da vida no campo
ils sont allés vers leur père alors qu'il partait
eles foram para o pai quando ele estava indo embora
ils l'ont supplié de leur acheter de nouveaux vêtements
imploraram-lhe que lhes comprasse roupas novas
des robes, des rubans et toutes sortes de petites choses
vestidos, fitas e todos os tipos de pequenas coisas
mais Belle n'a rien demandé
mas a Beleza não pediu nada
parce qu'elle pensait que l'argent ne serait pas suffisant
porque achava que o dinheiro não ia ser suficiente
il n'y aurait pas assez pour acheter tout ce que ses sœurs voulaient
não haveria o suficiente para comprar tudo o que suas irmãs queriam
"Que veux-tu, ma belle ?" demanda son père
"O que você gostaria, Beleza?", perguntou o pai
« Merci, père, pour la bonté de penser à moi », dit-elle
"Obrigada, pai, pela bondade de pensar em mim", disse ela
« Père, ayez la gentillesse de m'apporter une rose »
"Pai, seja tão gentil a ponto de me trazer uma rosa"

"parce qu'aucune rose ne pousse ici dans le jardin"
"porque não crescem rosas aqui no jardim"
"et les roses sont une sorte de rareté"
"e as rosas são uma espécie de raridade"
Belle ne se souciait pas vraiment des roses
A beleza realmente não se importava com rosas
elle a juste demandé quelque chose pour ne pas condamner ses sœurs
ela só pedia algo para não condenar suas irmãs.
mais ses sœurs pensaient qu'elle avait demandé des roses pour d'autres raisons
Mas suas irmãs pensaram que ela pediu rosas por outros motivos
"Elle l'a fait juste pour avoir l'air particulière"
"ela fez isso apenas para parecer particular"
L'homme gentil est parti en voyage
O homem gentil seguiu sua jornada
mais quand il est arrivé, ils se sont disputés à propos de la marchandise
mas quando ele chegou, discutiram sobre a mercadoria
et après beaucoup d'ennuis, il est revenu aussi pauvre qu'avant
e depois de muitos problemas, ele voltou tão pobre quanto antes
il était à quelques heures de sa propre maison
ele estava a poucas horas de sua própria casa
et il imaginait déjà la joie de revoir ses enfants
e já imaginava a alegria de ver os filhos
mais en traversant la forêt, il s'est perdu
mas ao atravessar a floresta perdeu-se
il a plu et neigé terriblement
choveu e nevou terrivelmente
le vent était si fort qu'il l'a fait tomber de son cheval
o vento era tão forte que o atirou do cavalo
et la nuit arrivait rapidement
e a noite chegava depressa

il a commencé à penser qu'il pourrait mourir de faim
Começou a pensar que poderia morrer de fome
et il pensait qu'il pourrait mourir de froid
e pensou que poderia congelar até a morte
et il pensait que les loups pourraient le manger
e pensou que os lobos poderiam comê-lo
les loups qu'il entendait hurler tout autour de lui
os lobos que ele ouvia uivar ao seu redor
mais tout à coup il a vu une lumière
mas, de repente, viu uma luz
il a vu la lumière au loin à travers les arbres
Ele viu a luz à distância através das árvores
quand il s'est approché, il a vu que la lumière était un palais
quando se aproximou viu que a luz era um palácio
le palais était illuminé de haut en bas
O palácio foi iluminado de cima para baixo
le marchand a remercié Dieu pour sa chance
o comerciante agradeceu a Deus pela sua sorte
et il se précipita vers le palais
e correu para o palácio
mais il fut surpris de ne voir personne dans le palais
mas ficou surpreendido por não ver pessoas no palácio
la cour était complètement vide
O pátio do tribunal estava completamente vazio
et il n'y avait aucun signe de vie nulle part
e não havia sinal de vida em lugar nenhum
son cheval le suivit dans le palais
o seu cavalo seguiu-o até ao palácio
et puis son cheval a trouvé une grande écurie
e então seu cavalo encontrou grande estábulo
le pauvre animal était presque affamé
o pobre animal estava quase faminto
alors son cheval est allé chercher du foin et de l'avoine
então seu cavalo entrou para encontrar feno e aveia
Heureusement, il a trouvé beaucoup à manger
felizmente ele encontrou muito para comer

et le marchand attacha son cheval à la mangeoire
e o comerciante amarrou o cavalo à manjedoura
En marchant vers la maison, il n'a vu personne
caminhando em direção à casa, não viu ninguém
mais dans une grande salle il trouva un bon feu
mas num grande salão encontrou um bom fogo
et il a trouvé une table dressée pour une personne
e encontrou uma mesa posta para um
il était mouillé par la pluie et la neige
estava molhado pela chuva e pela neve
alors il s'est approché du feu pour se sécher
então ele se aproximou do fogo para se secar
« J'espère que le maître de maison m'excusera »
"Espero que o dono da casa me desculpe"
« Je suppose qu'il ne faudra pas longtemps pour que quelqu'un apparaisse »
"Acho que não vai demorar muito para aparecer alguém"
Il a attendu un temps considérable
Esperou um tempo considerável
il a attendu jusqu'à ce que onze heures sonnent, et toujours personne n'est venu
esperou até atingir onze, e ainda assim ninguém veio
enfin, il avait tellement faim qu'il ne pouvait plus attendre
enfim, estava tão faminto que não podia mais esperar
il a pris du poulet et l'a mangé en deux bouchées
Ele pegou um pouco de frango e comeu em dois bocados
il tremblait en mangeant la nourriture
ele estava tremendo enquanto comia a comida
après cela, il a bu quelques verres de vin
depois bebeu alguns copos de vinho
devenant plus courageux, il sortit du hall
Tornando-se mais corajoso, saiu do salão
et il traversa plusieurs grandes salles
e atravessou vários grandes salões
il a traversé le palais jusqu'à ce qu'il arrive dans une chambre

Caminhou pelo palácio até entrar numa câmara
une chambre qui contenait un très bon lit
uma câmara que tinha uma cama muito boa
il était très fatigué par son épreuve
ele estava muito cansado de sua provação
et il était déjà minuit passé
e o tempo já passava da meia-noite
alors il a décidé qu'il était préférable de fermer la porte
Então ele decidiu que era melhor fechar a porta
et il a conclu qu'il devrait aller se coucher
e concluiu que devia deitar-se
Il était dix heures du matin lorsque le marchand s'est réveillé
Eram dez da manhã quando o comerciante acordou
au moment où il allait se lever, il vit quelque chose
assim que ele ia se levantar, viu alguma coisa
il a été étonné de voir un ensemble de vêtements propres
Ele ficou surpreso ao ver um conjunto de roupas limpas
à l'endroit où il avait laissé ses vêtements sales
no local onde deixara a roupa suja
"ce palais appartient certainement à une sorte de fée"
"certamente este palácio pertence a algum tipo de fada"
" une fée qui m'a vu et qui a eu pitié de moi"
"uma fada que me viu e me irritou"
il a regardé à travers une fenêtre
olhou através de uma janela
mais au lieu de neige, il vit le jardin le plus charmant
mas, em vez de neve, viu o jardim mais delicioso
et dans le jardin il y avait les plus belles roses
e no jardim estavam as rosas mais bonitas
il est ensuite retourné dans la grande salle
Ele então retornou ao Grande Salão
la salle où il avait mangé de la soupe la veille
o salão onde tinha tomado sopa na noite anterior
et il a trouvé du chocolat sur une petite table
e ele encontrou um pouco de chocolate em uma mesinha

« Merci, bonne Madame la Fée », dit-il à voix haute.
"Obrigado, boa Senhora Fada", disse ele em voz alta
"Merci d'être si attentionné"
"Obrigado por ser tão atencioso"
« Je vous suis extrêmement reconnaissant pour toutes vos faveurs »
"Estou-lhe extremamente grato por todos os seus favores"
l'homme gentil a bu son chocolat
O homem gentil bebeu seu chocolate
et puis il est allé chercher son cheval
e depois foi procurar o seu cavalo
mais dans le jardin il se souvint de la demande de Belle
mas no jardim lembrou-se do pedido de Bela
et il coupa une branche de roses
e cortou um ramo de rosas
immédiatement il entendit un grand bruit
Imediatamente ouviu um grande barulho
et il vit une bête terriblement effrayante
e viu uma Besta terrivelmente assustadora
il était tellement effrayé qu'il était sur le point de s'évanouir
Ele estava tão assustado que estava pronto para desmaiar
« Tu es bien ingrat », lui dit la bête.
— Você é muito ingrato — disse a Fera para ele
et la bête parla d'une voix terrible
e a Besta falou com uma voz terrível
« Je t'ai sauvé la vie en te laissant entrer dans mon château »
"Salvei a tua vida ao permitir-te entrar no meu castelo"
"et pour ça tu me voles mes roses en retour ?"
"E por isso roubas as minhas rosas em troca?"
« Les roses que j'apprécie plus que tout »
"As rosas que valorizo acima de tudo"
"mais tu mourras pour ce que tu as fait"
"mas morrerás pelo que fizeste"
« Je ne vous donne qu'un quart d'heure pour vous préparer »
"Dou-lhe apenas um quarto de hora para se preparar"
« Préparez-vous à la mort et dites vos prières »

"prepare-se para a morte e faça suas orações"
le marchand tomba à genoux
o comerciante caiu de joelhos
et il leva ses deux mains
e levantou as duas mãos
« **Monseigneur, je vous supplie de me pardonner** »
"Meu senhor, peço-te que me perdoes"
« **Je n'avais aucune intention de t'offenser** »
"Não tive intenção de te ofender"
« **J'ai cueilli une rose pour une de mes filles** »
"Apanhei uma rosa para uma das minhas filhas"
"**elle m'a demandé de lui apporter une rose**"
"ela pediu-me para lhe trazer uma rosa"
« **Je ne suis pas ton seigneur, mais je suis une bête** »,
répondit le monstre
"Eu não sou seu senhor, mas eu sou uma besta", respondeu o monstro
« **Je n'aime pas les compliments** »
"Não adoro elogios"
« **J'aime les gens qui parlent comme ils pensent** »
"Gosto de pessoas que falam como pensam"
« **N'imaginez pas que je puisse être ému par la flatterie** »
"não imagino que possa ser movido pela bajulação"
« **Mais tu dis que tu as des filles** »
"Mas você diz que tem filhas"
"**Je te pardonnerai à une condition**"
"Perdoar-te-ei com uma condição"
« **L'une de vos filles doit venir volontairement à mon palais** »
"Uma das tuas filhas deve vir ao meu palácio de bom grado"
"**et elle doit souffrir pour toi**"
"e ela deve sofrer por ti"
« **Donne-moi ta parole** »
"Deixe-me ter a sua palavra"
"**et ensuite tu pourras vaquer à tes occupations**"
"e então você pode fazer o seu negócio"

« **Promets-moi ceci :** »
"Prometa-me isto:"
"**Si votre fille refuse de mourir pour vous, vous devez revenir dans les trois mois**"
"Se sua filha se recusar a morrer por você, você deve voltar dentro de três meses"
le marchand n'avait aucune intention de sacrifier ses filles
O comerciante não tinha intenção de sacrificar as filhas
mais, comme on lui en donnait le temps, il voulait revoir ses filles une fois de plus
mas, como lhe foi dado tempo, quis voltar a ver as filhas
alors il a promis qu'il reviendrait
Por isso, prometeu que voltaria
et la bête lui dit qu'il pouvait partir quand il le voudrait
e a Besta disse-lhe que podia partir quando quisesse
et la bête lui dit encore une chose
e a Fera disse-lhe mais uma coisa
« **Tu ne partiras pas les mains vides** »
"Não partirás de mãos vazias"
« **retourne dans la pièce où tu étais allongé** »
"volte para o quarto onde você está"
« **vous verrez un grand coffre au trésor vide** »
"verás um grande baú de tesouro vazio"
« **Remplissez le coffre aux trésors avec ce que vous préférez** »
"encha o baú do tesouro com o que você mais gosta"
"**et j'enverrai le coffre au trésor chez toi**"
"e enviarei o baú do tesouro para a tua casa"
et en même temps la bête s'est retirée
e, ao mesmo tempo, a Besta retirou-se
« **Eh bien,** » **se dit le bon homme**
— Bem — disse o homem bom a si mesmo
« **Si je dois mourir, je laisserai au moins quelque chose à mes enfants** »
"se tiver de morrer, pelo menos deixarei alguma coisa aos meus filhos"

alors il retourna dans la chambre à coucher
então ele voltou para o quarto
et il a trouvé une grande quantité de pièces d'or
e encontrou um grande número de peças de ouro
il a rempli le coffre au trésor que la bête avait mentionné
encheu o baú do tesouro que a Besta mencionara
et il sortit son cheval de l'écurie
e tirou o cavalo do estábulo
la joie qu'il ressentait en entrant dans le palais était désormais égale à la douleur qu'il ressentait en le quittant
A alegria que sentia ao entrar no palácio era agora igual à dor que sentia ao deixá-lo
le cheval a pris un des chemins de la forêt
O cavalo tomou uma das estradas da floresta
et quelques heures plus tard, le bon homme était à la maison
e em poucas horas o homem bom estava em casa
ses enfants sont venus à lui
Seus filhos vieram até ele
mais au lieu de recevoir leurs étreintes avec plaisir, il les regardait
mas, em vez de receber os seus abraços com prazer, olhou para eles
il brandit la branche qu'il tenait dans ses mains
ergueu o galho que tinha nas mãos
et puis il a fondu en larmes
e então ele explodiu em lágrimas
« Belle », dit-il, « s'il te plaît, prends ces roses »
"Beleza", disse ele, "por favor, pegue essas rosas"
"Vous ne pouvez pas savoir à quel point ces roses ont été chères"
"Não dá para saber o quanto essas rosas foram caras"
"Ces roses ont coûté la vie à ton père"
"Estas rosas custaram a vida ao seu pai"
et puis il raconta sa fatale aventure
e então ele contou sobre sua aventura fatal
immédiatement les deux sœurs aînées crièrent

Imediatamente as duas irmãs mais velhas gritaram
et ils ont dit beaucoup de choses méchantes à leur belle sœur
e eles disseram muitas coisas maldosas para sua bela irmã
mais Belle n'a pas pleuré du tout
mas a Beleza não chorou nada
« Regardez l'orgueil de ce petit misérable », dirent-ils.
"Olha o orgulho desse desgraçadinho", disseram eles
"elle n'a pas demandé de beaux vêtements"
"Ela não pediu roupas finas"
"Elle aurait dû faire ce que nous avons fait"
"ela deveria ter feito o que fizemos"
"elle voulait se distinguer"
"queria distinguir-se"
"alors maintenant elle sera la mort de notre père"
"Então agora ela será a morte do nosso pai"
"et pourtant elle ne verse pas une larme"
"e, no entanto, ela não derrama uma lágrima"
"Pourquoi devrais-je pleurer ?" répondit Belle
"Por que eu deveria chorar?", respondeu Bela
« pleurer serait très inutile »
"chorar seria muito desnecessário"
« Mon père ne souffrira pas pour moi »
"Meu pai não sofrerá por mim"
"le monstre acceptera une de ses filles"
"O monstro aceitará uma de suas filhas"
« Je m'offrirai à toute sa fureur »
"Oferecer-me-ei a toda a sua fúria"
« Je suis très heureux, car ma mort sauvera la vie de mon père »
"Estou muito feliz, porque a minha morte vai salvar a vida do meu pai"
"ma mort sera une preuve de mon amour"
"A minha morte será uma prova do meu amor"
« Non, ma sœur », dirent ses trois frères
"Não, irmã", disseram os três irmãos
"cela ne sera pas"

"Isso não será"
"nous allons chercher le monstre"
"vamos encontrar o monstro"
"et soit on le tue..."
"e ou vamos matá-lo..."
« ... ou nous périrons dans cette tentative »
"... ou pereceremos na tentativa"
« N'imaginez rien de tel, mes fils », dit le marchand.
— Não imaginem nada disso, meus filhos — disse o comerciante
"La puissance de la bête est si grande que je n'ai aucun espoir que tu puisses la vaincre"
"o poder da Besta é tão grande que não tenho esperança de que você possa vencê-lo"
« Je suis charmé par l'offre aimable et généreuse de Belle »
"Estou encantado com a oferta gentil e generosa da Beauty"
"mais je ne peux pas accepter sa générosité"
"mas não posso aceitar a sua generosidade"
« Je suis vieux et je n'ai plus beaucoup de temps à vivre »
"Sou velho e não tenho muito tempo de vida"
"Je ne peux donc perdre que quelques années"
"então só posso perder alguns anos"
"un temps que je regrette pour vous, mes chers enfants"
"tempo que lamento por vós, meus queridos filhos"
« Mais père », dit Belle
"Mas pai", disse Bela
"tu n'iras pas au palais sans moi"
"Não irás ao palácio sem mim"
"tu ne peux pas m'empêcher de te suivre"
"Você não pode me impedir de segui-lo"
rien ne pourrait convaincre Belle autrement
nada poderia convencer a Bela do contrário
elle a insisté pour aller au beau palais
Ela insistiu em ir ao belo palácio
et ses sœurs étaient ravies de son insistance
e suas irmãs ficaram encantadas com sua insistência

Le marchand était inquiet à l'idée de perdre sa fille
O comerciante estava preocupado com a ideia de perder a filha
il était tellement inquiet qu'il avait oublié le coffre rempli d'or
estava tão preocupado que se esquecera do peito cheio de ouro
la nuit, il se retirait pour se reposer et fermait la porte de sa chambre
à noite, retirou-se para descansar e fechou a porta da câmara
puis, à sa grande surprise, il trouva le trésor à côté de son lit
depois, para seu grande espanto, encontrou o tesouro ao lado da cama
il était déterminé à ne rien dire à ses enfants
estava determinado a não contar aos filhos
s'ils savaient, ils auraient voulu retourner en ville
se soubessem, teriam querido regressar à cidade
et il était résolu à ne pas quitter la campagne
e estava decidido a não sair do campo
mais il confia le secret à Belle
mas confiou à Beleza o segredo
elle l'informa que deux messieurs étaient venus
informou-o de que tinham vindo dois cavalheiros
et ils ont fait des propositions à ses sœurs
e fizeram propostas às suas irmãs
elle a supplié son père de consentir à leur mariage
Ela implorou ao pai que consentisse com o casamento
et elle lui a demandé de leur donner une partie de sa fortune
e ela pediu-lhe que lhes desse um pouco da sua fortuna
elle leur avait déjà pardonné
ela já os perdoara
les méchantes créatures se frottaient les yeux avec des oignons
as criaturas perversas esfregavam os olhos com cebolas
pour forcer quelques larmes quand ils se sont séparés de leur sœur

para forçar algumas lágrimas quando se separaram da irmã
mais ses frères étaient vraiment inquiets
mas seus irmãos estavam realmente preocupados
Belle était la seule à ne pas verser de larmes
A beleza foi a única que não derramou lágrimas
elle ne voulait pas augmenter leur malaise
ela não queria aumentar o seu mal-estar
le cheval a pris la route directe vers le palais
O cavalo tomou a estrada direta para o palácio
et vers le soir ils virent le palais illuminé
e, à noite, viram o palácio iluminado
le cheval est rentré à l'écurie
o cavalo levou-se novamente para o estábulo
et le bon homme et sa fille entrèrent dans la grande salle
e o homem bom e sua filha entraram no grande salão
ici ils ont trouvé une table magnifiquement dressée
aqui encontraram uma mesa esplendidamente servida
le marchand n'avait pas d'appétit pour manger
o comerciante não tinha apetite para comer
mais Belle s'efforçait de paraître joyeuse
mas a Beleza esforçava-se por parecer alegre
elle s'est assise à table et a aidé son père
Sentou-se à mesa e ajudou o pai
mais elle pensait aussi :
mas ela também pensou consigo mesma:
"La bête veut sûrement m'engraisser avant de me manger"
"Fera certamente quer me engordar antes de me comer"
"c'est pourquoi il offre autant de divertissement"
"É por isso que ele oferece entretenimento tão abundante"
après avoir mangé, ils entendirent un grand bruit
depois de terem comido, ouviram um grande barulho
et le marchand fit ses adieux à son malheureux enfant, les larmes aux yeux
e o comerciante despediu-se do seu infeliz filho, com lágrimas nos olhos
parce qu'il savait que la bête allait venir

porque ele sabia que a Besta estava vindo
Belle était terrifiée par sa forme horrible
A beleza estava apavorada com sua forma horrível
mais elle a pris courage du mieux qu'elle a pu
mas ela tomou coragem o melhor que pôde
et le monstre lui a demandé si elle était venue volontairement
e o monstro perguntou-lhe se ela vinha de boa vontade
"Oui, je suis venue volontiers", dit-elle en tremblant
"Sim, eu vim de bom grado", disse ela tremendo
la bête répondit : « Tu es très bon »
a Fera respondeu: "Você é muito bom"
"et je vous suis très reconnaissant, honnête homme"
"e sou muito grato a vós; homem honesto"
« Allez-y demain matin »
"Siga o seu caminho amanhã de manhã"
"mais ne pense plus jamais à revenir ici"
"mas nunca pense em vir aqui novamente"
« Adieu Belle, adieu bête », répondit-il
"Adeus Beleza, adeus Fera", respondeu
et immédiatement le monstre s'est retiré
e imediatamente o monstro se retirou
« Oh, ma fille », dit le marchand
"Oh, filha", disse o comerciante
et il embrassa sa fille une fois de plus
e abraçou a filha mais uma vez
« Je suis presque mort de peur »
"Estou quase morrendo de medo"
"crois-moi, tu ferais mieux de rentrer"
"Acredite, é melhor você voltar"
"Laisse-moi rester ici, à ta place"
"deixe-me ficar aqui, em vez de você"
« Non, père », dit Belle d'un ton résolu.
"Não, pai", disse Beauty, em tom resoluto
"tu partiras demain matin"
"partirás amanhã de manhã"

« Laissez-moi aux soins et à la protection de la Providence »
"Deixai-me aos cuidados e à proteção da Providência"
néanmoins ils sont allés se coucher
no entanto, eles foram para a cama
ils pensaient qu'ils ne fermeraient pas les yeux de la nuit
Pensaram que não fechariam os olhos a noite toda
mais juste au moment où ils se couchaient, ils s'endormirent
mas, assim que se deitaram, dormiram
La belle rêva qu'une belle dame venait et lui disait :
Beleza sonhou uma bela senhora veio e disse-lhe:
« Je suis content, Belle, de ta bonne volonté »
"Estou contente, Beleza, com a vossa boa vontade"
« Cette bonne action de votre part ne restera pas sans récompense »
"esta vossa boa ação não ficará sem recompensa"
Belle s'est réveillée et a raconté son rêve à son père
Bela acordou e contou ao pai o seu sonho
le rêve l'a aidé à se réconforter un peu
O sonho ajudou a confortá-lo um pouco
mais il ne pouvait s'empêcher de pleurer amèrement en partant
mas ele não podia deixar de chorar amargamente quando estava indo embora
Dès qu'il fut parti, Belle s'assit dans la grande salle et pleura aussi
assim que ele se foi, Bela sentou-se no grande salão e chorou também
mais elle résolut de ne pas s'inquiéter
mas ela resolveu não ficar inquieta
elle a décidé d'être forte pour le peu de temps qui lui restait à vivre
Decidiu ser forte pelo pouco tempo que lhe restava para viver
parce qu'elle croyait fermement que la bête la mangerait
porque ela acreditava firmemente que a Besta a comeria
Cependant, elle pensait qu'elle pourrait aussi bien explorer le palais

No entanto, ela pensou que poderia muito bem explorar o palácio
et elle voulait voir le beau château
e ela queria ver o belo castelo
un château qu'elle ne pouvait s'empêcher d'admirer
um castelo que ela não podia deixar de admirar
c'était un palais délicieusement agréable
era um palácio deliciosamente agradável
et elle fut extrêmement surprise de voir une porte
e ela ficou extremamente surpresa ao ver uma porta
et sur la porte il était écrit que c'était sa chambre
e sobre a porta estava escrito que era o seu quarto
elle a ouvert la porte à la hâte
Ela abriu a porta apressadamente
et elle était tout à fait éblouie par la magnificence de la pièce
e ela ficou bastante deslumbrada com a magnificência da sala
ce qui a principalement retenu son attention était une grande bibliothèque
o que mais lhe chamou a atenção foi uma grande biblioteca
un clavecin et plusieurs livres de musique
um cravo e vários livros de música
« Eh bien, » se dit-elle
— Bem — disse ela para si mesma
« Je vois que la bête ne laissera pas mon temps peser sur moi »
"Vejo que a Fera não vai deixar o meu tempo pesar"
puis elle réfléchit à sa situation
Em seguida, ela refletiu para si mesma sobre sua situação
« Si je devais rester un jour, tout cela ne serait pas là »
"Se eu fosse para ficar um dia tudo isso não estaria aqui"
cette considération lui inspira un courage nouveau
Esta consideração inspirou-a com uma nova coragem
et elle a pris un livre de sa nouvelle bibliothèque
e ela levou um livro de sua nova biblioteca
et elle lut ces mots en lettres d'or :
e leu estas palavras em letras douradas:

« Accueillez Belle, bannissez la peur »
"Bem-vinda Beleza, banir o medo"
« Vous êtes reine et maîtresse ici »
"Você é rainha e amante aqui"
« Exprimez vos souhaits, exprimez votre volonté »
"Fale os seus desejos, fale a sua vontade"
« L'obéissance rapide répond ici à vos souhaits »
"A obediência rápida vai ao encontro dos seus desejos aqui"
« Hélas, dit-elle avec un soupir
— Ai — disse ela, com um suspiro
« Ce que je souhaite par-dessus tout, c'est revoir mon pauvre père. »
"Acima de tudo, desejo ver o meu pobre pai"
"et j'aimerais savoir ce qu'il fait"
"e eu gostaria de saber o que ele está fazendo"
Dès qu'elle eut dit cela, elle remarqua le miroir
Assim que ela disse isso, notou o espelho
à sa grande surprise, elle vit sa propre maison dans le miroir
Para seu grande espanto, viu a sua própria casa no espelho
son père est arrivé émotionnellement épuisé
O pai chegou emocionalmente exausto
ses sœurs sont allées à sa rencontre
suas irmãs foram ao seu encontro
malgré leurs tentatives de paraître tristes, leur joie était visible
Apesar de suas tentativas de parecer tristes, sua alegria era visível
un instant plus tard, tout a disparu
Um momento depois tudo desapareceu
et les appréhensions de Belle ont également disparu
e as apreensões de Bela também desapareceram
car elle savait qu'elle pouvait faire confiance à la bête
pois ela sabia que podia confiar na Besta
À midi, elle trouva le dîner prêt
Ao meio-dia, encontrou o jantar pronto
elle s'est assise à la table

Sentou-se à mesa
et elle a été divertie avec un concert de musique
e entreteve-se com um concerto de música
même si elle ne pouvait voir personne
embora ela não pudesse ver ninguém
le soir, elle s'est à nouveau assise pour dîner
à noite, sentou-se novamente para jantar
cette fois elle entendit le bruit que faisait la bête
desta vez ela ouviu o barulho que a Besta fez
et elle ne pouvait s'empêcher d'être terrifiée
e ela não podia deixar de ficar aterrorizada
"Belle", dit le monstre
"Beleza", disse o monstro
"est-ce que tu me permets de manger avec toi ?"
"Você me permite comer com você?"
« Fais comme tu veux », répondit Belle en tremblant
"Faça o que quiser", respondeu Bela tremendo
"Non", répondit la bête
"Não", respondeu a Fera
"tu es seule la maîtresse ici"
"Só tu és amante aqui"
"tu peux me renvoyer si je suis gênant"
"você pode me mandar embora se eu for problemático"
« renvoyez-moi et je me retirerai immédiatement »
"manda-me embora e eu vou retirar-me imediatamente"
« Mais dis-moi, ne me trouves-tu pas très laide ? »
"Mas, diga-me; você não acha que eu sou muito feio?"
"C'est vrai", dit Belle
"Isso é verdade", disse Beauty
« Je ne peux pas mentir »
"Não posso mentir"
"mais je crois que tu es de très bonne nature"
"mas eu acredito que você é muito bem-humorado"
« Je le suis en effet », dit le monstre
"Eu sou mesmo", disse o monstro
« Mais à part ma laideur, je n'ai pas non plus de bon sens »

"Mas, além da minha feiura, também não tenho sentido"
« **Je sais très bien que je suis une créature stupide** »
"Sei muito bem que sou uma criatura boba"
« **Ce n'est pas un signe de folie de penser ainsi** », **répondit Belle.**
"Não é sinal de loucura pensar assim", respondeu Beauty
« **Mange donc, belle** », **dit le monstre**
"Coma então, Beleza", disse o monstro
« **essaie de t'amuser dans ton palais** »
"Tente divertir-se no seu palácio"
"**tout ici est à toi**"
"Tudo aqui é seu"
"**et je serais très mal à l'aise si tu n'étais pas heureux**"
"e eu ficaria muito desconfortável se você não estivesse feliz"
« **Vous êtes très obligeant** », **répondit Belle**
"Você é muito obrigada", respondeu Bela
« **J'avoue que je suis heureux de votre gentillesse** »
"Admito que estou satisfeito com a vossa bondade"
« **et quand je considère votre gentillesse, je remarque à peine vos difformités** »
"e quando considero a sua bondade, quase não noto as suas deformidades"
« **Oui, oui, dit la bête, mon cœur est bon.**
"Sim, sim", disse a Fera, "meu coração está bom
"**mais même si je suis bon, je suis toujours un monstre**"
"mas apesar de ser bom, ainda sou um monstro"
« **Il y a beaucoup d'hommes qui méritent ce nom plus que toi** »
"Há muitos homens que merecem esse nome mais do que você"
"**et je te préfère tel que tu es**"
"e eu prefiro você como você é"
"**et je te préfère à ceux qui cachent un cœur ingrat**"
"e eu prefiro-vos mais do que aqueles que escondem um coração ingrato"
"**Si seulement j'avais un peu de bon sens**", **répondit la bête**

"Se eu tivesse algum sentido", respondeu a Fera
"Si j'avais du bon sens, je vous ferais un beau compliment pour vous remercier"
"se eu tivesse bom senso, faria um belo elogio para agradecer"
"mais je suis si ennuyeux"
"mas eu sou tão sem graça"
« **Je peux seulement dire que je vous suis très reconnaissant** »
"Só posso dizer que estou muito grato a vocês"
Belle a mangé un copieux souper
A beleza comeu uma ceia saudável
et elle avait presque vaincu sa peur du monstre
e ela quase vencera o pavor do monstro
mais elle a voulu s'évanouir lorsque la bête lui a posé la question suivante
mas ela queria desmaiar quando a Fera lhe fez a próxima pergunta
"Belle, veux-tu être ma femme ?"
"Beleza, você será minha esposa?"
elle a mis du temps avant de pouvoir répondre
demorou algum tempo até poder responder
parce qu'elle avait peur de le mettre en colère
porque ela tinha medo de deixá-lo irritado
Mais finalement elle dit "non, bête"
por fim, porém, ela disse "não, Fera"
immédiatement le pauvre monstre siffla très effroyablement
Imediatamente o pobre monstro assobiou muito assustadoramente
et tout le palais résonna
e todo o palácio ecoou
mais Belle se remit bientôt de sa frayeur
mas Bela logo se recuperou do susto
parce que la bête parla encore d'une voix lugubre
porque Fera falou novamente com uma voz triste
"Alors adieu, Belle"
"então adeus, Beleza"

et il ne se retournait que de temps en temps
e ele só voltava para trás de vez em quando
de la regarder alors qu'il sortait
olhá-la enquanto ele saía
maintenant Belle était à nouveau seule
agora a Bela estava sozinha novamente
elle ressentait beaucoup de compassion
ela sentiu muita compaixão
"Hélas, c'est mille fois dommage"
"Infelizmente, é mil penas"
"tout ce qui est si bon ne devrait pas être si laid"
"qualquer coisa tão bem-humorada não deve ser tão feia"
Belle a passé trois mois très heureuse dans le palais
Bela passou três meses muito contente no palácio
chaque soir la bête lui rendait visite
todas as noites a Fera lhe fazia uma visita
et ils ont parlé pendant le dîner
e conversavam durante a ceia
ils ont parlé avec bon sens
falaram com bom senso
mais ils ne parlaient pas avec ce que les gens appellent de l'esprit
Mas eles não falavam com o que as pessoas chamam de espirituosidade
Belle a toujours découvert un caractère précieux dans la bête
A Bela sempre descobriu algum personagem valioso na Fera
et elle s'était habituée à sa difformité
e ela se acostumou com a deformidade dele
elle ne redoutait plus le moment de sa visite
ela não temia mais o tempo de sua visita
maintenant elle regardait souvent sa montre
agora olhava muitas vezes para o relógio
et elle ne pouvait pas attendre qu'il soit neuf heures
e mal podia esperar que fossem nove horas
car la bête ne manquait jamais de venir à cette heure-là
porque a Besta nunca deixou de vir àquela hora

il n'y avait qu'une seule chose qui concernait Belle
havia apenas uma coisa que preocupava a Beleza
chaque soir avant d'aller au lit, la bête lui posait la même question
todas as noites, antes de ir para a cama, a Fera lhe fazia a mesma pergunta
le monstre lui a demandé si elle voulait être sa femme
O monstro perguntou se ela seria sua esposa
un jour elle lui dit : "bête, tu me mets très mal à l'aise"
um dia ela disse-lhe: "Fera, tu me deixas muito inquieto"
« J'aimerais pouvoir consentir à t'épouser »
"Quem me dera poder consentir em casar-me contigo"
"mais je suis trop sincère pour te faire croire que je t'épouserais"
"mas eu sou sincero demais para fazer você acreditar que eu me casaria com você"
"Notre mariage n'aura jamais lieu"
"O nosso casamento nunca vai acontecer"
« Je te verrai toujours comme un ami »
"Ver-te-ei sempre como um amigo"
"S'il vous plaît, essayez d'être satisfait de cela"
"Por favor, tente ficar satisfeito com isso"
« Je dois me contenter de cela », dit la bête
— Devo estar satisfeito com isso — disse a Fera
« Je connais mon propre malheur »
"Conheço a minha própria desgraça"
"mais je t'aime avec la plus tendre affection"
"mas eu te amo com o mais terno carinho"
« Cependant, je devrais me considérer comme heureux »
"No entanto, devo considerar-me feliz"
"et je serais heureux que tu restes ici"
"e eu deveria estar feliz que você vai ficar aqui"
"promets-moi de ne jamais me quitter"
"Prometa-me nunca me deixar"
Belle rougit à ces mots
A beleza corou com estas palavras

Un jour, Belle se regardait dans son miroir
um dia a Bela olhava-se ao espelho
son père s'était inquiété à mort pour elle
o pai preocupara-se com ela
elle avait plus que jamais envie de le revoir
ela ansiava por vê-lo novamente mais do que nunca
« **Je pourrais te promettre de ne jamais te quitter complètement** »
"Eu poderia prometer nunca deixá-lo completamente"
"**mais j'ai tellement envie de voir mon père**"
"mas tenho tanta vontade de ver o meu pai"
« **Je serais terriblement contrarié si tu disais non** »
"Eu ficaria impossivelmente chateado se você disser não"
« **Je préfère mourir moi-même** », dit le monstre
"Eu preferia morrer", disse o monstro
« **Je préférerais mourir plutôt que de te mettre mal à l'aise** »
"Prefiro morrer a sentir-te mal-estar"
« **Je t'enverrai vers ton père** »
"Enviar-te-ei ao teu pai"
"**tu resteras avec lui**"
"ficarás com ele"
"**et cette malheureuse bête mourra de chagrin à la place**"
"e esta infeliz Besta morrerá de tristeza"
« **Non** », dit Belle en pleurant
— Não — disse Beauty, chorando
"**Je t'aime trop pour être la cause de ta mort**"
"Amo-te demasiado para ser a causa da tua morte"
"**Je te promets de revenir dans une semaine**"
"Dou-vos a minha promessa de regressar dentro de uma semana"
« **Tu m'as montré que mes sœurs sont mariées** »
"Você me mostrou que minhas irmãs são casadas"
« **et mes frères sont partis à l'armée** »
"e os meus irmãos foram para o exército"
« **laisse-moi rester une semaine avec mon père, car il est seul** »

"Deixe-me ficar uma semana com o meu pai, pois ele está sozinho"
« **Tu seras là demain matin** », **dit la bête**
— Você estará lá amanhã de manhã — disse a Besta
"**mais souviens-toi de ta promesse**"
"mas lembre-se da sua promessa"
« **Il vous suffit de poser votre bague sur une table avant d'aller vous coucher** »
"Basta colocar o anel sobre uma mesa antes de ir para a cama"
"**et alors tu seras ramené avant le matin**"
"e então você será trazido de volta antes da manhã"
« **Adieu chère Belle** », **soupira la bête**
"Adeus querida Beleza", suspirou a Fera
Belle s'est couchée très triste cette nuit-là
Beleza foi para a cama muito triste naquela noite
parce qu'elle ne voulait pas voir la bête si inquiète
porque ela não queria ver Fera tão preocupada
le lendemain matin, elle se retrouva chez son père
Na manhã seguinte, encontrou-se na casa do pai
elle a sonné une petite cloche à côté de son lit
Ela tocou um pequeno sino ao lado de sua cama
et la servante poussa un grand cri
e a empregada deu um grito alto
et son père a couru à l'étage
e o pai correu para o andar de cima
il pensait qu'il allait mourir de joie
pensou que ia morrer de alegria
il l'a tenue dans ses bras pendant un quart d'heure
Segurou-a nos braços durante um quarto de hora
Finalement, les premières salutations étaient terminées
Eventualmente, as primeiras saudações terminaram
Belle a commencé à penser à sortir du lit
A beleza começou a pensar em levantar da cama
mais elle s'est rendu compte qu'elle n'avait apporté aucun vêtement
mas percebeu que não tinha trazido roupa

mais la servante lui a dit qu'elle avait trouvé une boîte
mas a empregada disse-lhe que tinha encontrado uma caixa
le grand coffre était plein de robes et de robes
o grande tronco estava cheio de vestidos e vestidos
chaque robe était couverte d'or et de diamants
cada vestido foi coberto com ouro e diamantes
La Belle a remercié la Bête pour ses bons soins
A Bela agradeceu a Fera por seu carinho
et elle a pris l'une des robes les plus simples
e ela levou um dos vestidos mais simples
elle avait l'intention de donner les autres robes à ses sœurs
ela pretendia dar os outros vestidos para suas irmãs
mais à cette pensée le coffre de vêtements disparut
mas com esse pensamento o baú de roupas desapareceu
la bête avait insisté sur le fait que les vêtements étaient pour elle seulement
Fera insistiu que as roupas eram apenas para ela
son père lui a dit que c'était le cas
o pai disse-lhe que era esse o caso
et aussitôt le coffre de vêtements est revenu
e imediatamente o baú de roupas voltou novamente
Belle s'est habillée avec ses nouveaux vêtements
Beleza vestiu-se com suas roupas novas
et pendant ce temps les servantes allèrent chercher ses sœurs
e, entretanto, as empregadas foram ao encontro das irmãs;
ses deux sœurs étaient avec leurs maris
ambas as irmãs estavam com os maridos
mais ses deux sœurs étaient très malheureuses
mas ambas as irmãs estavam muito infelizes
sa sœur aînée avait épousé un très beau gentleman
sua irmã mais velha havia se casado com um cavalheiro muito bonito
mais il était tellement amoureux de lui-même qu'il négligeait sa femme
mas ele gostava tanto de si mesmo que negligenciou sua esposa

sa deuxième sœur avait épousé un homme spirituel
sua segunda irmã havia se casado com um homem espirituoso
mais il a utilisé son esprit pour tourmenter les gens
mas ele usou sua astúcia para atormentar as pessoas
et il tourmentait surtout sa femme
e atormentava sobretudo a sua mulher;
Les sœurs de Belle l'ont vue habillée comme une princesse
As irmãs de Beauty viram-na vestida como uma princesa
et ils furent écœurés d'envie
e ficaram enjoados de inveja
maintenant elle était plus belle que jamais
agora ela estava mais bonita do que nunca
son comportement affectueux n'a pas pu étouffer leur jalousie
seu comportamento afetuoso não conseguia abafar o ciúme deles
elle leur a dit combien elle était heureuse avec la bête
ela lhes disse como estava feliz com a Fera
et leur jalousie était prête à éclater
e o ciúme deles estava pronto para explodir
Ils descendirent dans le jardin pour pleurer leur malheur
Desceram ao jardim para chorar pelo infortúnio
« En quoi cette petite créature est-elle meilleure que nous ? »
"De que maneira esta pequena criatura é melhor do que nós?"
« Pourquoi devrait-elle être tellement plus heureuse ? »
"Por que ela deveria ser tão mais feliz?"
« Sœur », dit la sœur aînée
"Irmã", disse a irmã mais velha
"une pensée vient de me traverser l'esprit"
"Um pensamento simplesmente me passou pela cabeça"
« Essayons de la garder ici plus d'une semaine »
"Vamos tentar mantê-la aqui por mais de uma semana"
"Peut-être que cela fera enrager ce monstre idiot"
"Talvez isso enfureça o monstro bobo"
« parce qu'elle aurait manqué à sa parole »
"porque ela teria quebrado a palavra"

"et alors il pourrait la dévorer"
"e então ele poderia devorá-la"
"C'est une excellente idée", répondit l'autre sœur
"Essa é uma ótima ideia", respondeu a outra sister
« Nous devons lui montrer autant de gentillesse que possible »
"devemos mostrar-lhe a maior bondade possível"
les sœurs en ont fait leur résolution
As Irmãs fizeram desta a sua resolução
et ils se sont comportés très affectueusement envers leur sœur
e eles se comportavam muito carinhosamente com sua irmã
pauvre Belle pleurait de joie à cause de toute leur gentillesse
pobre Beleza chorou de alegria de toda a sua bondade
quand la semaine fut expirée, ils pleurèrent et s'arrachèrent les cheveux
Quando a semana acabou, choraram e rasgaram o cabelo
ils semblaient si désolés de se séparer d'elle
eles pareciam tão tristes de se separar dela
et Belle a promis de rester une semaine de plus
e Beauty prometeu ficar mais uma semana
Pendant ce temps, Belle ne pouvait s'empêcher de réfléchir sur elle-même
Enquanto isso, Bela não podia deixar de refletir sobre si mesma
elle s'inquiétait de ce qu'elle faisait à la pauvre bête
ela se preocupava com o que estava fazendo com a pobre Fera
elle sait qu'elle l'aimait sincèrement
ela sabe que o amava sinceramente
et elle avait vraiment envie de le revoir
e ela realmente desejava vê-lo novamente
la dixième nuit qu'elle a passée chez son père aussi
a décima noite que passou na casa do pai também
elle a rêvé qu'elle était dans le jardin du palais
Sonhou que estava no jardim do palácio
et elle rêva qu'elle voyait la bête étendue sur l'herbe

e ela sonhou que viu a Besta estendida na grama
il semblait lui faire des reproches d'une voix mourante
ele parecia recriminá-la com uma voz moribunda
et il l'accusa d'ingratitude
e acusou-a de ingratidão
Belle s'est réveillée de son sommeil
A beleza acordou do sono
et elle a fondu en larmes
e ela desabou em lágrimas
« Ne suis-je pas très méchant ? »
"Não sou muito mau?"
« N'était-ce pas cruel de ma part d'agir si méchamment envers la bête ? »
"Não foi cruel da minha parte agir de forma tão cruel para com a Besta?"
"la bête a tout fait pour me faire plaisir"
"Fera fez de tudo para me agradar"
« Est-ce sa faute s'il est si laid ? »
"É culpa dele ser tão feio?"
« Est-ce sa faute s'il a si peu d'esprit ? »
"É culpa dele ter tão pouca inteligência?"
« Il est gentil et bon, et cela suffit »
"Ele é gentil e bom, e isso é suficiente"
« Pourquoi ai-je refusé de l'épouser ? »
"Por que me recusei a casar com ele?"
« Je devrais être heureux avec le monstre »
"Eu deveria estar feliz com o monstro"
« regarde les maris de mes sœurs »
"Olhem para os maridos das minhas irmãs"
« Ni l'esprit, ni la beauté ne les rendent bons »
"nem a espirituosidade, nem o ser bonito os tornam bons"
« aucun de leurs maris ne les rend heureuses »
"nenhum dos seus maridos as faz felizes"
« mais la vertu, la douceur de caractère et la patience »
"mas virtude, doçura de temperamento e paciência"
"ces choses rendent une femme heureuse"

"Estas coisas fazem uma mulher feliz"
"et la bête a toutes ces qualités précieuses"
"e a Besta tem todas essas qualidades valiosas"
"c'est vrai, je ne ressens pas de tendresse et d'affection pour lui"
"É verdade; Não sinto a ternura do carinho por ele"
"mais je trouve que j'éprouve la plus grande gratitude envers lui"
"mas acho que tenho a maior gratidão por ele"
"et j'ai la plus haute estime pour lui"
"e tenho a mais alta estima por ele"
"et il est mon meilleur ami"
"e ele é o meu melhor amigo"
« Je ne le rendrai pas malheureux »
"Não vou torná-lo infeliz"
« Si j'étais si ingrat, je ne me le pardonnerais jamais »
"Se eu fosse tão ingrato, nunca me perdoaria"
Belle a posé sa bague sur la table
Beleza pôs o anel em cima da mesa
et elle est retournée au lit
e ela foi para a cama novamente
à peine était-elle au lit qu'elle s'endormit
Escassa era ela na cama antes de adormecer
elle s'est réveillée à nouveau le lendemain matin
ela acordou novamente na manhã seguinte
et elle était ravie de se retrouver dans le palais de la bête
e ela ficou muito feliz por se encontrar no palácio da Besta
elle a mis une de ses plus belles robes pour lui faire plaisir
Ela vestiu um de seus vestidos mais bonitos para agradá-lo
et elle attendait patiemment le soir
e esperou pacientemente pela noite
enfin l' heure tant souhaitée est arrivée
finalmente chegou a hora desejada
L'horloge a sonné neuf heures, mais aucune bête n'est apparue
o relógio marcava nove, mas nenhuma Besta apareceu

La belle craignit alors d'avoir été la cause de sa mort
Bela então temia que ela tivesse sido a causa de sua morte
elle a couru en pleurant dans tout le palais
Ela correu chorando por todo o palácio
après l'avoir cherché partout, elle se souvint de son rêve
Depois de o ter procurado por todo o lado, lembrou-se do seu sonho
et elle a couru vers le canal dans le jardin
e ela correu para o canal no jardim
là elle a trouvé la pauvre bête étendue
lá encontrou a pobre Besta esticada
et elle était sûre de l'avoir tué
e ela tinha certeza de que o tinha matado
elle se jeta sur lui sans aucune crainte
lançou-se sobre ele sem qualquer pavor
son cœur battait encore
seu coração ainda batia
elle est allée chercher de l'eau au canal
Ela buscou um pouco de água no canal
et elle versa l'eau sur sa tête
e ela derramou a água sobre a cabeça dele
la bête ouvrit les yeux et parla à Belle
a Besta abriu os olhos e falou à Bela
« Tu as oublié ta promesse »
"Esqueceu-se da promessa"
« J'étais tellement navrée de t'avoir perdu »
"Fiquei com o coração partido por ter perdido você"
« J'ai décidé de me laisser mourir de faim »
"Resolvi morrer de fome"
"mais j'ai le bonheur de te revoir une fois de plus"
"mas tenho a felicidade de te ver mais uma vez"
"j'ai donc le plaisir de mourir satisfait"
"por isso tenho o prazer de morrer satisfeito"
« Non, chère bête », dit Belle, « tu ne dois pas mourir »
"Não, querida Besta", disse a Beleza, "você não deve morrer"
« Vis pour être mon mari »

"Viver para ser meu marido"
"à partir de maintenant je te donne ma main"
"a partir deste momento dou-te a minha mão"
"et je jure de n'être que le tien"
"e juro não ser senão teu"
« **Hélas ! Je pensais n'avoir que de l'amitié pour toi** »
"Ai! Pensei que só tinha uma amizade contigo"
« **mais la douleur que je ressens maintenant m'en convainc** » ;
"mas a dor que agora sinto convence-me";
"Je ne peux pas vivre sans toi"
"Não posso viver sem ti"
Belle avait à peine prononcé ces mots lorsqu'elle vit une lumière
A beleza mal tinha dito estas palavras quando viu uma luz
le palais scintillait de lumière
O palácio cintilava de luz
des feux d'artifice ont illuminé le ciel
fogos de artifício iluminaram o céu
et l'air rempli de musique
e o ar cheio de música
tout annonçait un grand événement
tudo dava conta de algum grande evento
mais rien ne pouvait retenir son attention
mas nada conseguia prender sua atenção
elle s'est tournée vers sa chère bête
voltou-se para a sua querida Besta
la bête pour laquelle elle tremblait de peur
a Besta, por quem tremia de medo
mais sa surprise fut grande face à ce qu'elle vit !
mas sua surpresa foi grande com o que viu!
la bête avait disparu
a Besta tinha desaparecido
Au lieu de cela, elle a vu le plus beau prince
em vez disso, ela viu o príncipe mais lindo
elle avait mis fin au sort

ela tinha posto fim ao feitiço
un sort sous lequel il ressemblait à une bête
um feitiço sob o qual ele se assemelhava a uma Besta
ce prince était digne de toute son attention
Este príncipe era digno de toda a sua atenção
mais elle ne pouvait s'empêcher de demander où était la bête
mas ela não podia deixar de perguntar onde estava a Besta
« Vous le voyez à vos pieds », dit le prince
— Você o vê aos seus pés — disse o príncipe
« Une méchante fée m'avait condamné »
"Uma fada perversa me condenou"
« Je devais rester dans cette forme jusqu'à ce qu'une belle princesse accepte de m'épouser »
"Eu deveria permanecer nessa forma até que uma linda princesa concordasse em se casar comigo"
"la fée a caché ma compréhension"
"A fada escondeu o meu entendimento"
« tu étais le seul assez généreux pour être charmé par la bonté de mon caractère »
"você foi o único generoso o suficiente para se encantar com a bondade do meu temperamento"
Belle était agréablement surprise
A beleza ficou felizmente surpreendida
et elle donna sa main au charmant prince
e deu a mão ao príncipe encantado
ils sont allés ensemble au château
eles foram juntos para o castelo
et Belle fut ravie de retrouver son père au château
e Bela ficou muito feliz por encontrar seu pai no castelo
et toute sa famille était là aussi
e toda a sua família também estava lá
même la belle dame qui lui était apparue dans son rêve était là
Até a bela senhora que apareceu em seu sonho estava lá
"Belle", dit la dame du rêve
"Beleza", disse a senhora do sonho

« viens et reçois ta récompense »
"Venha receber a sua recompensa"
« Vous avez préféré la vertu à l'esprit ou à l'apparence »
"preferiste a virtude à sagacidade ou à aparência"
"et tu mérites quelqu'un chez qui ces qualités sont réunies"
"e você merece alguém em quem essas qualidades estejam unidas"
"tu vas être une grande reine"
"Você vai ser uma grande rainha"
« J'espère que le trône ne diminuera pas votre vertu »
"Espero que o trono não diminua a vossa virtude"
puis la fée se tourna vers les deux sœurs
Então a fada virou-se para as duas irmãs
« J'ai vu à l'intérieur de vos cœurs »
"Vi dentro dos vossos corações"
"et je connais toute la méchanceté que contiennent vos cœurs"
"e conheço toda a malícia que os vossos corações contêm"
« Vous deux deviendrez des statues »
"vocês dois se tornarão estátuas"
"mais vous garderez votre esprit"
"mas você vai manter suas mentes"
« Tu te tiendras aux portes du palais de ta sœur »
"ficarás às portas do palácio da tua irmã"
"Le bonheur de ta sœur sera ta punition"
"A felicidade da tua irmã será o teu castigo"
« vous ne pourrez pas revenir à vos anciens états »
"Não será possível regressar aos seus antigos Estados"
« à moins que vous n'admettiez tous les deux vos fautes »
"A menos que ambos admitam os seus defeitos"
"mais je prévois que vous resterez toujours des statues"
"mas estou a prever que permanecerão sempre estátuas"
« L'orgueil, la colère, la gourmandise et l'oisiveté sont parfois vaincus »
"O orgulho, a raiva, a gula e a ociosidade às vezes são conquistados"

" **mais la conversion des esprits envieux et malveillants sont des miracles** "
"mas a conversão de mentes invejosas e maliciosas são milagres"
immédiatement la fée donna un coup de baguette
Imediatamente a fada deu um golpe com sua varinha
et en un instant tous ceux qui étaient dans la salle furent transportés
e em um momento todos os que estavam no salão foram transportados
ils étaient entrés dans les domaines du prince
tinham ido para os domínios do príncipe
les sujets du prince l'ont reçu avec joie
Os súbditos do príncipe receberam-no com alegria
le prêtre a épousé Belle et la bête
o sacerdote casou-se com a Bela e a Fera
et il a vécu avec elle de nombreuses années
e viveu com ela muitos anos
et leur bonheur était complet
e a sua felicidade era completa
parce que leur bonheur était fondé sur la vertu
porque a sua felicidade se fundava na virtude

La fin
Fim

www.tranzlaty.com

www.ingramcontent.com/pod-product-compliance
Lightning Source LLC
Chambersburg PA
CBHW011555070526
44585CB00023B/2620